AF239302

*Dieses Buch widme ich
meinem Freund, Martin Ulrich.
Wir haben viele Stunden unserer Kindheit
und Jugend
mit der Zauberei verbracht.
Ich erinnere mich gerne daran zurück.*

Andreas Arimont

Das
Kartentrick
Handbuch

Leicht zu lernen.
Genial verzaubern.

Impressum

© 2007 Andreas Arimont
1.Auflage

© 2007 Alle Abbildungen und Fotos:
Andreas Arimont

Alle Rechte vorbehalten.

Bibliografische Information der Deutschen
Nationalbibliothek
Die Deutsche Nationalbibliothek verzeichnet diese
Publikation in der Deutschen Nationalbibliografie:
Detaillierte bibliografische Daten sind im Internet
über
http://dnb.d-nb-de abrufbar.

Herstellung und Verlag:
Books on Demand GmbH
Norderstedt

ISBN 9783833499456

Inhaltsverzeichnis

Einleitung

Sie haben sich für dieses Buch entschieden, weil Sie sich für Kartentricks interessieren oder für die Zauberkunst ganz allgemein. Vielleicht wollen Sie auch nur ein paar Tricks lernen, um auf der nächsten Party ihre Freunde und Bekannte ein wenig zu unterhalten. Oder aber Sie haben vor sich vielleicht ein neues Hobby zuzulegen.
Mit diesem Buch werden Sie einen guten Einstig in die Zauberkunst mit Karten erhalten. Sie lernen sowohl sehr einfache als auch einige etwas schwierigere Tricks kennen. Keine Angst: Sie müssen keine Fingerfertigkeiten wie ein Profi haben! Aber ich werde Ihnen trotzdem einige der speziellen Tricktechniken vorstellen, die zum Handwerk eines Zauberers einfach dazu gehören. Sie lernen aber nicht nur einfach die Tricks. Ich gebe ihnen wichtige Tipps zur Vorführung und zum Zaubern allgemein. Denn nichts ist langweiliger, als einen Trick ganz stur nach Schema F abzuspulen. Zaubern heißt verzaubern! Los geht's, wir haben eine Menge vor!

Regeln und Tipps zur Zauberkunst

Übung
Das ist das Wichtigste überhaupt! Zeigen Sie keinen Trick, den Sie nicht gut beherrschen. Klingt einfach, ist es aber nicht. Da spreche ich aus Erfahrung. Oft ist es so, dass man den eben

gelesenen Trick sofort jemandem zeigen möchte. Tun Sie das nicht, auch wenn es schwer fällt! Sie tun sich damit keinen gefallen und ihrem Gegenüber auch nicht. Kleine Faustregel: Üben Sie einen Trick mindestens 20- bis 30-mal ohne Zuschauer. Nur so entwickeln Sie Routine. Sie dürfen beim Vorführen niemals überlegen müssen, wie der Trick nun weitergeht! Ausserdem wollen Sie sich ja auch nicht blamieren, oder? Es gibt Zauberer, die beherrschen überhaupt nur 10 Tricks, diese aber in totaler Perfektion. Gut ist es auch vor einem Spiegel zu trainieren, dann sehen Sie ihre Technik aus der Zuschauersicht.

Weniger ist mehr
Führen Sie nicht zu viele Tricks vor! Es ist immer besser, wenn die Zuschauer sagen: „Schade, schon vorbei!" als „Hoffentlich hört der bald auf!" Wenn man Sie bittet noch was vorzuführen ist das gut, aber drängen Sie sich niemals auf! Haben Sie also immer einen Bonustrick parat.

Keine Wiederholungen
Diese gibt es im Fernsehen schon genug. Man wird Sie irgendwann darum bitten, sagen Sie höfflich Nein und fahren mit ihrem Programm fort. Copperfield führt schließlich auch nichts zweimal vor, oder?

9

Bei der ersten Vorführung eines Tricks wissen die Zuschauer nicht was passieren wird und achten darauf **was** Sie tun. Beim zweiten Mal werden sie darauf achten **wie** Sie es tun!
Es gibt einige Tricks die darauf ausgelegt sind sie zu wiederholen, aber bitte nur solche!

Seien Sie Schauspieler

Viele Tricks sind in der Vorführung nicht so schwer. Alles beruht oft auf gleichen Tricktechniken. Deshalb ist es wichtig, Zaubertricks immer wieder anders zu präsentieren. Lernen Sie etwas zu schauspielern! Erzählen Sie eine lustige, unheimliche, schöne, traurige Geschichte. Oder erzählen Sie eine Story von jemandem, der ihnen das Zaubern beibrachte. David Copperfield ist ohne Frage der grösste Magier, der jemals gelebt hat. Seine Tricks sind überhaupt nicht neu, aber wie er sie präsentiert, ist sensationell! Schwebende Jungfrauen gab es schon immer, bei ihm aber wird eine erotische Amazonas Show daraus. Selbst einen Vier Ass Trick führte er im Fernsehen vor. Er erzählte eine traurige Geschichte von seinem verstorbenen Großvater, der ihm diesen Trick beibrachte. Damit rührte Copperfield seine Zuschauer zu tränen! In so grossen Dimensionen arbeiten Sie natürlich nicht. Trotzdem feilen Sie immer an ihrer Präsentation! Zaubern heisst kreativ sein.

Charme, Ego und Smartness

Auch sehr wichtig. Ich habe es erlebt, dass einigen Kollegen die Kunst zu Kopf gestiegen ist. Seien Sie niemals arrogant oder überheblich. Spielen Sie sich nicht als grosser Zauberer auf, der alles kann und weiss. Es gibt immer einige Zuschauer, die sich von einem Zauberer regelrecht herausgefordert fühlen und unbedingt ihrer Frau oder Freundin erklären müssen, wie einfach das alles ist. Gehen Sie auf so was nicht ein.

Wenn man Sie fragt „Wie geht der Trick?", dann lächeln Sie freundlich und sagen: „Ich hoffe doch gut!"

Gut ist es Tricks mit den Zuschauern zu „erarbeiten". Bedanken Sie sich immer höflich und lassen Sie ab und zu auch mal für einen Helfer applaudieren. Das lässt auch Sie sympathisch wirken.

Kein Trickverrat

Das sollte ja wohl klar sein, oder? Die oberste Regel aller Magier. Es wird ihnen andauernd passieren, dass man Sie nach den Geheimnissen fragt. Reagieren Sie auch hier immer höflich und smart!

Was hätten Sie davon, einen Trick zu verraten? Hinterher wird man sagen: „Ach so einfach geht das! Das kann ja eigentlich jedes Kind!" Also halten Sie sich unbedingt an das oberste Gesetz der Zauberkunst!

Ein Trick geht schief

Das sollte ja wohl eigentlich nicht passieren, da Sie sich ja an die Übungsregel halten, nicht wahr?! Doch, es kann auch dem Besten mal passieren.
Hier geht es besonders darum, gut und gelassen zu reagieren. Man entschuldigt sich mit einem lustigen Spruch:

„Sehen sie, dafür bin ich aber auch nicht so teuer wie Copperfield!"

Sie können sich für alle Fälle auch eine Blankokarte mit der Aufschrift „Stimmt!" anfertigen. Geht ein Trick schief, fragen Sie den Zuschauer nach seiner Karte und holen dann ihre „Notkarte" hervor. Das ist ein netter Gag und die Zuschauer werden glauben die Panne wäre geplant gewesen.

Trotzdem: Übung ist die beste Waffe gegen solche peinlichen Situationen.

Und jetzt geht es aber los mit den Tricks!

Als Erstes lernen Sie einen Trick, oder besser ein ganzes Trickprinzip, kennen das einfach in der Anwendung und trotzdem sehr effektiv ist. Wenn Sie das Prinzip einmal kennen, können Sie eine grosse Anzahl an verschiedenen Tricks vorführen. Für den Zuschauer ist es jedes Mal ein neuer Trick.

Einfaches Kartenfinden

Das brauchen Sie:
Ein Kartenspiel, 32er oder 52er

Das sieht der Zuschauer:
Sie lassen ein Kartenspiel gut durchmischen. Lassen Sie sich das Spiel wieder zurückgeben und fächern Sie es aus. Bitten Sie einen Zuschauer eine Karte, egal welche, rauszunehmen. Der Zuschauer soll sich seine frei gewählte Karte gut merken und gegebenenfalls noch weiteren Zuschauern zeigen. Nur Sie als Zauberer dürfen sie natürlich nicht sehen. Während der Freiwillige sich seine Karte einprägt, können Sie das Spiel auch nochmals mischen. Dann heben Sie etwa die Hälfte des Kartenspiels ab, und bitten den Zuschauer seine Karte auf den unteren Stapel zu legen. Hat er das getan, legen Sie den abgehobenen Stapel wieder auf den anderen. Die Karte ist also irgendwo im Spiel verschwunden. Das Spiel kann auch gerne nochmals abgehoben werden. Sie blättern das Spiel nur kurz durch und entnehmen eine Karte und legen sie verdeckt auf den Tisch.
Der Zuschauer soll nun seine Karten nennen. Sie zögern einen Moment, schnippen einmal mit der Hand über der Karte und drehen sie dann um: Es ist die vom Zuschauer Gewählte!

Tricktechnik

Das anfangs erwähnte Trickprinzip heisst Leitkarte. Mit eben solch einer arbeiten Sie bei diesem Trick. Das ist keine Spezialkarte, sondern nur eine die Sie vorher angesehen haben. Wenn Sie den Kartenstapel abheben, schauen Sie unauffällig auf die unterste Karte des abgehobenen Stapels. Diese Karte müssen Sie sich merken. Beim Drauflegen des Stapels liegt diese nämlich auf der Karte des Zuschauers. Das heisst Sie kennen zwar nicht die Karte des Zuschauers, aber Sie wissen welche oben draufliegt!

Wenn Sie nun das Spiel Bild oben durchsehen ist die Karte die rechts vor ihrer gemerkten Karte liegt die Karte des Zuschauers!

Anstatt den Kartenstapel zu teilen, können Sie sich auch gleich die unterste Karte merken. Der Zuschauer legt dann seine Gewählte einfach auf den Stapel. Sie heben dann einmal ab und ihre Leitkarte landet automatisch auf der des Zuschauers.

Sie können sogar noch mehrfach das Kartenspiel abheben, die Zuschauer sind dann noch mehr davon überzeugt, dass die Karten völlig durcheinander wären. In Wirklichkeit ändert das aber nichts an der Lage der beiden entscheidenden Karten!

Haben Sie einmal „Ihre Arbeit" getan, gibt es unzählige Möglichkeiten wie Sie das Finden der Karte präsentieren können.

Magische Drehung

Die ist eine sehr effektvolle Variante des Tricks. Die Karte des Zuschauers erscheint hier sehr spektakulär.

Sie arbeiten wie vorher ganz normal mit der Leitkarte. Nachdem Sie die Karte des Zuschauers gefunden haben, bringen Sie sie unauffällig ganz nach oben auf den Stapel. Das geht am besten, wenn Sie das Spiel an der Stelle teilen, wo die Zuschauerkarte liegt. Legen Sie den anderen Stapel dann nach unten. Es sieht so aus als hätten Sie das Spiel nur abgehoben. Dabei können Sie so tun, als wenn Sie die Karte nicht finden würden:

„Hmmm, das ist ja gar nicht so einfach. Aber ich habe noch eine Idee, wie ich ihre Karte finde!"

Die Zuschauerkarte liegt nun also als Oberste auf dem Stapel. Das weiss natürlich sonst keiner! Sie greifen das Spiel nun an den Längsseiten. Mit den Daumen der anderen Hand schieben Sie nun die oberste Karte unauffällig circa 2 cm seitwärts über den Rand, sodass sie rausragt. Das sollte natürlich niemand sehen!
Abbildung 1

15

Dann geht ihre Hand mit dem Spiel etwa 50, 60 cm über den Tisch. Mit etwas Schwung lassen Sie den Stapel nun auf den Tisch fallen.
Durch den Luftzug wird sich die oberste Karte umdrehen. Somit liegt die Zuschauerkarte als Einzigste umgedreht und auch noch als Oberste auf dem Kartenstapel! Die Zuschauer werden ihnen sicher unglaubliche Fingerfertigkeit bestätigen!

Das Fallenlassen muss natürlich gut geübt werden, theoretisch passiert das aber von selbst. Sie sollten das aber schon eine Zeit lang üben. Finden Sie die richtige Fallhöhe und Schwung. Natürlich kann es bei diesem Trick auch mal passieren, dass sich die Karte nicht umdreht. Das ist nicht so schlimm. Die Karte des Zuschauers liegt dann halt neben dem Stapel, sie ist also quasi aus dem Spiel gesprungen. Der Trick ist selbst dann noch gelungen.
Abbildung 2

Abbildung 1, So halten Sie die Karte über den Tisch

Abbildung 2 So sollte der Trick idealerweise enden

Schwarz, Rot und beides
(Miraskill)

Ein Trick, der relativ einfach und trotzdem
verblüffend ist.
Er geht auf Steward James zurück.

Das brauchen Sie:
Ein Kartenspiel, 32er oder 52er
Zettel und Stift

Das sieht der Zuschauer:
Der Zauberer schreibt eine Vorhersage auf einen
Zettel und faltet ihn zusammen. Er fragt einen
Zuschauer, ob er Rot oder Schwarz lieber mag.
Der Freiwillige wählt z. B. Rot. Dann nimmt der
Vorführende die Karten aus der Schachtel und
lässt sie mischen. Er bittet den Zuschauer, nun
immer jeweils zwei Karten gleichzeitig
umzudrehen. Sind es zwei Rote, legt er sie auf
einen Stapel vor sich hin. Sind es zwei schwarze
Karten, so kommen sie auf einen Haufen des
Vorführers.
Werden aber zwei unterschiedliche Karten
aufgedeckt, so kommen sie auf einen separaten
Stapel in der Mitte. Sind alle Karten verteilt, zeigt
der Zauberer den Zettel mit seiner Vorhersage:
„Sie werden genau zwei Karten weniger haben als
ich!"
Tatsächlich! Werden nun die beiden roten und
schwarzen Haufen gezählt, stellt sich heraus das

der Zuschauer tatsächlich genau zwei Karten weniger hat. Der Zauberer packt die Karten grade wieder in die Schachtel, als er die noch ungläubigen Gesichter sieht.

„Ach, sie meinen, dass es vielleicht nur Zufall war? Dann wiederholen wie es noch mal!"

Der Vorführende schreibt wieder eine Vorhersage auf und legt den gefalteten Zettel beiseite. Der ganze Trick wird wiederholt. Diesmal stand auf dem Zettel des Magiers:

„Diesmal werden sie genauso viel Karten haben wie ich!"

Und wieder behält der Vorführende nach dem Auszählen recht.

Tricktechnik
Dies ist einer jener Zaubertricks, die fast automatisch funktionieren.
Die Vorhersage, die Sie aufschreiben lautet, immer: „zwei Karten mehr". Das Ganze beruht eigentlich auf simpler Mathematik. Wenn man drüber nachdenkt, ist es eigentlich ganz logisch das sich die Karten auf diese Art gleichmäßig verteilen. Wie kommt dann aber die Differenz?

Sie müssen vor der Vorführung die Karten sortieren. Es kommen zwei Rote auf die obere und zwei Schwarze auf die untere Seite des Kartenspiels. So präpariert steckt das Spiel in der Schachtel.
Sie fragen den Zuschauer, ob er Rot oder Schwarz wählt. Je nachdem welche Farbe er wählt, müssen Sie dafür sorgen, dass beim Rausnehmen der Karten aus der Schachtel jeweils zwei Karten zurückbleiben.

Wählt der Zuschauer Rot, lassen Sie einfach die zwei obersten Karten in der Schachtel zurück, bei Schwarz die zwei untersten. Das sollten Sie natürlich gut üben. Es sollte natürlich wirken. Beim Rausnehmen der Karten aus der Schachtel erzählen Sie irgendwas über den Trick, der gleich folgt, das „fummeln" wird nicht weiter auffallen. Die Zuschauer erwarten nicht das Sie bei Rausnehmen der Karten die eigentliche Trickhandlung ausführen!

Dieser Trick bricht auch mit einer der obersten Zauberregeln:
Niemals einen Trick wiederholen!
Hier gehört es aber zum Konzept. Ausserdem ist die zweite Vorführung in diesem Fall sogar einfacher, da Sie hier keine Karten mehr zurücklassen. Nach dem Trick sammeln Sie alle Karten auf und packen Sie in die Schachtel zurück. Damit ist das Spiel wieder komplett, denn

in der Schachtel liegen ja die jeweils zwei zurückgelassenen Karten. Dann besinnen Sie sich anscheinend und erklären den Trick noch mal vorführen zu wollen.

Als Vorhersage schreiben Sie beim zweiten Mal:

„Sie haben diesmal genauso viel Karten wie ich!"

Dann nehmen Sie die Karten wieder aus der Schachtel, diesmal natürlich alle! Jetzt geht eigentlich alles automatisch. Der Zuschauer kann die Karten beliebig mischen. Wenn er die Karten auf die bekannte Art austeilt, werden Sie am Ende zwei gleiche Stapel mit roten und schwarzen Karten habe, eben so wie Sie es vorher gesagt haben!

Wichtig ist hierbei natürlich eine angemessene Präsentation, der Trick an sich ist wirklich einfach. Verpacken Sie es nur nett!

Dann zaubern Sie doch selbst!

Das brauchen Sie:
Kartenspiel, 32er oder 52er

Dieser Trick ist ein weiterer schöner Selbstläufer. Das Besondere ist, das der Zuschauer hier alles selber macht und der Zauberer das Kartenspiel gar nicht berührt! Also „zaubert" quasi der Zuschauer selber.

Das sieht der Zuschauer:
Der Zauberer übergibt einem Freiwilligen das Kartenspiel und dreht sich dann um, sodass er nichts mehr sehen kann. Er gibt dem Zuschauer dann einige, lose Anweisungen. Der Zuschauer soll sich eine Zahl ausdenken. Anhand der ausgedachten Zahl bildet der Freiwillige zwei gleiche Kartenpäckchen. Eines soll er in die Tasche stecken, vom anderen merkt er sich die unterste Karte. Dann kommt der Haufen auf die Restkarten. Der Zauberer dreht sich nun wieder um, er will die Karte des Zuschauers erraten. Der Freiwillige soll nun Karten vom Stapel runter nehmen, bis der Magier stopp sagt. Das klappt aber nicht. Die abgelegten Karten kommen zurück aufs Spiel. Auch der Stapel aus der Tasche des Zuschauers kommt auf das Kartenspiel, es ist wieder komplett. Der Freiwillige darf sich nun ein Zauberwort aussuchen. Der Zuschauer soll nun sein Zauberwort buchstabieren und für jeden Buchstaben eine Karte ablegen. Ist er fertig damit, nimmt der Zauberer die nächste Karte vom Stapel und hält sie verdeckt. Er fragt den Freiwilligen nach seiner Karte. Dreht der Vorführende nun die Karte um, ist es wirklich die des Zuschauers!

Tricktechnik

Eine besondere Technik gibt es hier eigentlich nicht, es funktioniert von selbst! Sie müssen sich aber den genauen Ablauf gut merken.

Sie geben dem Zuschauer also das Kartenspiel und drehen sich gegebenenfalls um. Der Zuschauer soll sich eine Zahl zwischen eins und zehn denken. Genauso viel Karten soll er auf den Tisch ablegen. Daneben noch mal ein Kartenhaufen gleicher Anzahl Karten.
Die Restkarten legt er beiseite. Er kann nun einen Stapel auswählen und in seine Hosentasche stecken. Der zweite Stapel wird noch einmal gemischt, dann merkt sich der Freiwillige die unterste Karte und legt diesen Stapel auf die Restkarten.
Hat er dies getan, können Sie sich wieder umdrehen. Sie erklären, die Karte nun finden zu wollen. Der Zuschauer soll nun Karten vom Stapel runter nehmen, bis Sie Stopp sagen. Sie aber zählen heimlich mit, solange bis der Freiwillige genau zehn Karten abgelegt hat.
Sie sagen:

„Stopp! Ich glaube ich habe mich vertan, wir machen es anders."

Er soll die abgelegten Karten zurück auf das Kartenspiel legen. Der Zuschauer soll nun aber noch die Karten aus seiner Hosentasche dazu legen, also oben drauf. Das Kartenspiel ist somit wieder vollständig.

„Wir versuchen es mal mit ganz klassischer Zauberei! Sie wählen ihren Zauberspruch."

Der Zuschauer darf nun „sein" Zauberwort wählen:
Hokuspokus oder Simsalabim.
Der Freiwillige soll nun sein Zauberwort laut buchstabieren und für jeden Buchstaben eine Karte vom Spiel auf den Tisch legen.
Hat er die letzte Karte abgelegt, nehmen Sie die nächste Karte vom Stapel und halten sie verdeckt.
Das ist das erste Mal, das Sie eine Karte berühren, betonen Sie das ruhig!
Fragen Sie den Zuschauer nun nach seiner Karte. Dann drehen Sie Ihre um. Natürlich ist es die Richtige!
Dieser Trick funktioniert immer auf diese Weise. Es ist ein einfaches, mathematisches Prinzip.
Sie sollten die ganze Zeit über betonen, dass Sie die Karten ja nicht anfassen und somit auch nichts manipulieren können! Das verstärkt denn Effekt nochmals.

Unmöglicher Platztausch

Das brauchen Sie:
Zwei Kartenspiele unterschiedlicher Farbe

Das sieht der Zuschauer:

Der Zauberer legt zwei verschiedenfarbige Kartenspiele auf den Tisch. Ein Zuschauer darf nun eines der Spiele wählen. Er soll dann sein Kartenspiel unter den Tisch halten und sich eine Zahl zwischen eins und zehn denken. So viel Karten soll er jetzt von oben abzählen und auf den Tisch legen. Dabei muss er diesen Stapel mit seiner Hand verdecken, damit der Zauber nicht die Anzahl der Karten sehen kann. Das Restspiel gibt er dem Vorführenden zurück. Der Zauberer zählt nun zehn Karten von dem Spiel ab und blättert sie dem Zuschauer vor. Dieser soll sich die Karte merken, die an der Stelle seiner gedachten Zahl liegt. Die Zehn Karten kommen dann zurück auf das Spiel. Der Zauber denkt kurz nach und nennt dann die nur gedachte Zahl des Zuschauers: Dieser zählt seine Karten laut vor und es stimmt! Danach kommen diese Karten auch auf das Spiel zurück.

Nicht schlecht, aber es geht noch weiter:
Der Zauberer streift das Spiel Bild oben auf den Tisch aus. Der Zuschauer soll nun seine gemerkte Karte nennen und aus dem Spiel schieben, die Karte liegt nun einzeln auf dem Tisch. Dasselbe wird nun mit dem vorher vom Zuschauer nicht gewähltem Kartenspiel gemacht. Es liegt also von beiden Kartenspielen nun jeweils die gleiche Karte auf den Tisch. Der Vorführende erklärt nun das beide Karten den Platz tauschen werden, dazu schnippt er nur kurz einmal. Die Zuschauer

glauben ihm kein Wort. Werden nun aber beide Karten umgedreht stellt sich raus das jede Karte nun die Rückenfarbe des jeweils anderen Spiels hat! Die Karten haben also tatsächlich die Plätze getauscht!

Tricktechnik:
Nun, dieser Trick hat eigentlich immer eine überraschende Wirkung auf die Zuschauer, denn es ist überhaupt nicht klar, was für ein Effekt nun kommen wird.
Sie brauchen also zwei Kartenspiele, die verschiedene Rückenfarben haben. Also zum Beispiel ein rotes und ein blaues Spiel. Suchen Sie sich vor dem Trick aus beiden Spielen eine identische Karte raus. Also zum Beispiel beide Pik Asse oder beide Herz Buben. Legen Sie dann die jeweils andersfarbige Karte in jedem Kartenspiel an elfter Stelle von oben. Also die Blaue in das Rote und umgekehrt. Davon dürfen die Zuschauer natürlich nichts wissen. Ein Freiwilliger wählt also eines der beiden Spiele. Sagen Sie ihm er, könne sich das Rote oder das Blaue nehmen. Dann soll er es unter den Tisch halten. Das hat den Zweck, dass der Zuschauer nicht zufällig die andersfarbige Karte sieht. Er denkt sich eine Zahl zwischen eins und zehn und nimmt genau so viel karten vom Spiel. Den Stapel legt er auf den Tisch.

„Legen Sie bitte ihre Hand über ihre Karten, damit ich nichts sehen kann!"

Den Rest des Spiels lassen Sie sich zurückgeben.

„Sie sollten sich eine Zahl zwischen eins und zehn denken, also nehme ich zehn Karten vom Spiel."

Sie schieben zehn Karten vom Spiel in ihre rechte Hand. Dabei halten Sie das Kartenspiel mit der Bildseite zu den Zuschauern denn eine der Karten hat ja eine andere Rückenfarbe, was natürlich keiner sehen darf! Drehen Sie dann den Stapel sofort um und fangen an die Karten Bild oben auf den Tisch abzulegen.

„Merken Sie sich bitte die Karte, die an der Stelle ihrer gedachten liegt!"

Das ist in jedem Fall die andersfarbige Karte. Sie müssen sich nur merken an wievielter Stelle diese Karte liegt, genauso viel Karten hat nämlich der Zuschauer unter seiner Hand. Sie haben also zum Beispiel beide Spiele mit den jeweils andersfarbigen Pik Assen präpariert. Liegt dieses beim Vorblättern nun an siebter Stelle, so hat der Zuschauer also sieben Karten unter seiner Hand. Zudem haben Sie ihm durch diese Methode auch quasi die andersfarbige Karte forciert, denn er merkt sich diese ja.

Gut, der Zuschauer hat sich die Karte gemerkt. Sie drehen den Stapel wieder um und legen ihn auf den Rest des Spiels. Tun Sie so als konzentrieren Sie sich.

„Ich glaube ihre gedachte Zahl war die Sieben!"

Der Zuschauer wird das bestätigen, als Beweis soll er seine Karten vorzählen. Dann kommen auch diese Karten zurück auf das Spiel. Dieser Effekt ist zwar nett, wird die Zuschauer aber nicht vom Hocker hauen. Sie glauben das war es schon. Streifen Sie nun das Kartenspiel Bild oben ganz aus und bitten den Zuschauer seine gemerkte Karte zu nennen, als Beispiel das Pik Ass. Er soll seine Karte suchen und nur nach vorne aus dem Spiel schieben. Achten Sie darauf, dass er die Karte nicht aufnimmt! Nehmen Sie das Spiel zusammen und streifen es nun Bild oben aus. Dann nehmen Sie das zweite Kartenspiel zur Hand und machen dasselbe. Es liegen also nun beide Kartenspiele ausgestreift auf den Tisch. Davor liegen die beiden Pik Asse.

„Ich werde nun die beiden Asse ihre Plätze tauschen lassen, und zwar so schnell, dass sie es nicht sehen können!"

Schnippen Sie einmal kurz über jede Karte.

„Sehen Sie, schon passiert!"

Warten Sie hier ein paar Sekunden. Die Zuschauer werden es nicht glauben und schmunzeln.

„Glauben Sie nicht? Sehen Sie hier!"

Drehen Sie nun erst eine der Karten um, dann die andere. Die blaue Karte liegt nun beim roten Spiel und umgekehrt!
Sie sollten für diesen Trick eine unauffälligere Karte als das Pik Ass wählen, zum Beispiel die Herz Drei. Wichtig ist, dass die andersfarbigen Karten nicht vorher bemerkt werden, das sollte bei richtiger Ausführung aber kein Problem sein. Achtem Sie auch darauf dass sich niemand das andere Kartenspiel, welches nicht gewählt wurde, zur Hand nimmt, also legen Sie es nicht zu weit weg. Nach dem Erraten der Zahl können Sie so tun, als wenn Sie die Karte des Zuschauers nicht kennen:

„Ihre Zahl konnte ich erraten, leider aber nicht welche Karte Sie sich gemerkt haben. Zeigen Sie mir doch bitte welche es war"

Dabei streifen Sie dann das Spiel aus.

„Ah, die Herz Drei also, diese müsste es in dem anderen Kartenspiel auch geben"

Dann das zweite Spiel ausstreifen.
Sie fahren dann wie beschrieben fort.

Überraschendes Ende

Die ist ein wirklich toller Trick! Er ist sehr einfach in der Ausführung und hat trotzdem eine verblüffende Wirkung auf die Zuschauer. Auch hier klappt, bei richtiger Ausführung, fast alles automatisch.

Das brauchen Sie:
Ein 32er Kartenspiel
Einen Stift

Das sieht der Zuschauer:
Der Zauberer bittet einen Freiwilligen einen kleinen Stapel Karten vom Spiel zu nehmen, und in seine Hosentasche zu stecken. Der Vorführenden nimmt sich auch ein Kartenstapel und steckt diesen ebenfalls in seine Tasche. Dann soll der Zuschauer eine Karte auf den Tisch legen. Der Zauberer legt eine von seinen Karten daneben. So wird immer abwechselnd fortgefahren. Plötzlich legt der Zauberer eine Karte mit einer Aufschrift auf den Tisch:

„Du hast keine Karten mehr!"
Der Zuschauer wird dies erstaunt bestätigen!

Sie werden mir zustimmen dass dies, richtig vorgeführt, schon ein ziemlich starker Effekt ist!

Das Ende kommt völlig überraschend und ist zudem auch mal was ganz anderes.

Sie benötigen eine Karte, auf der Sie den entsprechenden Text schreiben. Eines der Roten Ass Karten bietet sich hier an. Schreiben Sie einen Spruch wie:

„Das war deine letzte Karte!" oder „Sie haben keine Karten mehr!" auf die Karte. Am schönsten und praktischsten wäre natürlich eine Blankokarte. Also eine einfache, unbedruckte weiße Karte, passend zu Ihrem Kartenspiel. Solche gibt es im Zauberfachhandel zu kaufen. Wenn man improvisieren müsste, könnte man auch einfach einen Zettel nehmen, den man unter die Karten bringt. Ich selber habe dies auch schon gemacht. Das erfordert aber mehr Fingerfertigkeit, damit es niemand sieht. Das sollten Sie erstmal nicht so machen.

Eine beschriftete Ass Karte tut es und sieht auch besser aus.

Ok, Sie haben ein 32er Kartenspiel mit der speziell beschrifteten Sonderkarte. Wie funktioniert der Trick also?

Tricktechnik

Sie müssen vor der Vorführung die Sonderkarte als die Siebzehnte von oben ins Spiel legen.

Das ist schon alles an Vorbereitung. Einen Freiwilligen sagen Sie er soll sich doch bitte einen kleinen Stapel vom Spiel nehmen. Nicht mehr als die Hälfte! Dies können Sie begründen in dem Sie behaupten „Es wäre sonst zu leicht". Die Zuschauer wissen ja noch nicht, was kommt.

Hat er das getan, soll er die Karten in seine Hosentasche verstauen.

Sie nehmen sich jetzt auch einen Stapel runter, etwas mehr als der Freiwillige. Genau sechzehn Karten müssen Sie jetzt wegnehmen. Das sollte natürlich nicht auffallen! Nehmen Sie einfach das Spiel zur Hand und schieben immer Viererpäcken in ihre andere Hand. Das machen Sie einfach dreimal. Das ist recht unauffällig. Am besten Sie reden währenddessen einfach weiter.

Stecken Sie Ihren Stapel auch in die Hosentasche aber mit der Bildseite nach oben!

Erklären Sie dem Zuschauer nun er, soll eine von seinen Karten auf den Tisch legen, mit der Ruckseite nach oben. Sagen Sie ihm auch er, soll auf keinen Fall irgendetwas sagen während des Tricks! Es wäre ziemlich blöd, wenn der Zuschauer kurz vor der Überraschung schon sagt:

„Ich habe aber keine Karte mehr!"

Sie nehmen nun die oberste Karte aus Ihrer Tasche und legen Sie Bild oben auf den Tisch neben die Karte des Zuschauers. So fahren Sie einfach fort. Irgendwann kommt dann Ihre Spezialkarte zum Vorschein. Der Zuschauer wird dann bestätigen, dass er keine Karten mehr hat!

Der Trick kommt im Allgemeinen meistens wirklich gut an, weil keiner mit dem Auftauchen der speziellen Karte rechnet. Es wirkt sehr originell und anders.

Vier Asse Impossible

Dieser Trick hat, richtig ausgeführt, eine enorme Wirkung auf die Zuschauer, probieren Sie es aus!

Das brauchen Sie:
Ein Kartenspiel 32er oder 52er

Das sieht der Zuschauer:
Der Zauber lässt einen Zuschauer von einem Kartenspiel beliebig viele Karten verdeckt auf den Tisch legen. Ein zweiter Zuschauer soll irgendwann „Stopp!" sagen. Er bekommt dann die restlichen Karten. Beide Freiwillige sollen nun ihre Karten in zwei Stapel teilen. Dazu sollen sie immer abwechselnd eine Karte links, eine rechts ablegen. Haben beide Zuschauer keine Karten mehr, liegen also vier Kartenhaufen auf dem Tisch. Der Zauber macht über jeden Stapel eine magische Bewegung. Wird nun jeweils die oberste Karte umgedreht, liegen alle vier Asse oben!

Tricktechnik:
Das Ganze ist viel überraschender als es sich liest! Obwohl auch dieser Trick nicht so schwer ist, haben Sie hier einen wirklichen Hammereffekt.

Vor dem Trick müssen Sie dafür sorgen, dass auf und unter dem Spiel jeweils zwei Asse liegen. Dann geht eigentlich fast alles automatisch. Ein Zuschauer legt die Karten ab, ein anderer soll Stopp sagen. Es wäre allerdings ungünstig wenn das Stopp zu früh kommt, etwa nach der fünften Karte. Das würde zwar den Trick nicht zerstören, trotzdem ist es besser, wenn ungefähr gleich grosse Stapel entstehen. Jetzt liegen in beiden Kartenhaufen jeweils zwei Asse ganz unten. Wenn jetzt beide Zuschauer ihre Stapel wiederum in zwei aufteilen, kommen automatisch die Asse nach oben. Dazu müssen die Freiwilligen aber immer abwechselnd die Karten links und rechts ablegen. Wenn die vier Kartenhaufen auf den Tisch liegen, erklären Sie noch mal, wie zufällig alles abgelaufen ist: Es wurde irgendwo Stopp gesagt, die Zuschauer haben alles selber gemacht. Werden dann von jedem Stapel die oberste Karte umgedreht, ist die Überraschung wirklich groß. Alle vier Asse liegen oben. Für die Zuschauer absolut unerklärlich!

Sie können alternativ auch selber einen Stapel nehmen und einen von einem Zuschauer austeilen lassen, der Effekt ist dann nicht weniger verblüffend.

Drei Buben

Das brauchen Sie:
Ein 32er oder 52er Kartenspiel

Das sieht der Zuschauer:

Sie zeigen drei Buben als Kartenfächer vor. Dann legen Sie den Ersten ganz oben auf das Spiel. Der Zweite wird unter das Spiel getan. Die letzte Karte kommt in die Mitte. Die drei Buben sind also gut über das ganze Kartenspiel verteilt und liegen alle getrennt voneinander.

Sie lassen das Spiel von einem Zuschauer einmal abheben. Jetzt blättern Sie das Kartenspiel durch und siehe da: Die drei Buben liegen plötzlich nebeneinander geordnet im Spiel!

Tricktechnik:

Was ich hier so nüchtern beschrieben habe, ist ein recht einfacher aber effektiver Trick. Es kommt drauf an, ihn einigermaßen zu verkaufen. Aber erstmal zum Trickvorgang:

Sie brauchen also vier Bildkarten. Das können die vier Buben, Damen oder Könige sein. Die Asse gehen auch, empfehle ich aber nicht. Nehmen wir an, Sie nehmen die vier Buben. Nehmen Sie die beiden Schwarzen und einen Roten. Der rote Bube kommt zwischen die beiden anderen. So zeigen Sie die drei Karten als Fächer kurz vor. Den vierten Buben, also den anderen Roten, haben Sie heimlich ganz oben auf das restliche Kartenspiel gelegt.

Legen Sie nun einen schwarzen Buben ganz oben auf das Kartenspiel, er liegt jetzt auf den anderen

Roten, das weiss ausser Ihnen natürlich keiner.
Der zweite schwarze Bube kommt ganz unter das
Kartenspiel. Die letzte Karte, der rote Bube,
kommt in die Mitte. An dieser Stelle betonen Sie,
dass die drei Buben nun völlig getrennt sind! Jetzt
lassen Sie das Spiel einmal abheben. Schon ist
alles passiert! Wenn Sie das Spiel nun
durchblättern, liegt zwischen den beiden
schwarzen Buben die andere rote Bubenkarte!
Hatten Sie also vorher Pik Bube, Karo Bube, Kreuz
Bube auf der Hand, so liegt jetzt Pik Bube, Herz
Bube, Kreuz Bube zusammen.
Richtig und schnell vorgeführt wird kein
Zuschauer den Unterschied bemerken!
Deshalb dürfen Sie auch am Anfang die drei
Buben nicht zu lang vorzeigen.

Erzählen Sie bei der Vorführung eine Geschichte
von einem Männerabend oder Skattreff. Von
Freunden, die in einem Haus leben oder
Ähnliches. Wenn Sie mit den Damen arbeiten,
bietet Sie eine Geschichte über Freundinnen oder
Schwestern an.

Vier Schwestern

Das brauchen Sie:
Ein Kartenspiel, 32er oder 52er

Das sieht der Zuschauer:

Sie suchen die beiden roten Damen aus dem Spiel. Dabei erzählen Sie etwas von zwei Schwestern, die schon lange ihre beiden anderen, verschollenen Zwillinge suchen.

Sie legen die beiden Damen also Bild oben nebeneinander auf den Tisch. Dann nehmen Sie den Kartenstapel und legen eine Karte nach der anderen Bild unten auf den Tisch. Ein Zuschauer soll irgendwann STOP! Sagen. Hat er dies getan, hören Sie mit dem Ablegen auf und legen eine der Damen Bild oben auf den abgelegten Stapel. Das Kartenspiel kommt auch auf den Haufen. Dann nehmen Sie den ganzen Stapel zur Hand und legen wieder so lange Karten auf den Tisch bis wieder STOP! gesagt wird. Die zweite rote Dame kommt auf die abgelegten Karten, der Rest obendrauf. Jetzt hebt der Zuschauer das ganze Kartenspiel ab.

„Wir wollen nun mal sehen, wo die Damen geblieben sind"

Sie blättern das Spiel durch bis Sie auf die erste Dame stossen und nehmen sie zusammen mit der daneben verdeckt liegenden Karte aus dem Spiel und legen beide auf den Tisch. Das Gleiche machen Sie mit der zweiten Dame. Es liegen also nun die beiden Damen und zwei verdeckte Karten auf den Tisch.

„Ja, das Unglaubliche ist passiert: Die Damen haben ihre Schwestern gefunden!"
Werden die verdeckten Karten umgedreht, sind es wirklich die beiden anderen Damen!

Tricktechnik:
Sie müssen dafür sorgen, dass die beiden schwarzen Damen jeweils ganz oben und unten liegen, also die erste und die letzte Karte des Spiels sind. Davon wissen die Zuschauer natürlich nichts.
Dann fahren Sie wie beschrieben fort. Beim ersten STOP! kommt die erste Dame ins Spiel. Sie legen die Dame auf die abgelegten Karten Bild oben. Wenn Sie nun das Kartenspiel noch oben drauflegen, kommen schon die ersten beiden Damen zusammen, da ja ganz unten im Spiel eine der beiden Schwarzen liegt!
Genau das Gleiche passiert beim zweiten Vorgang auch ganz automatisch. Haben Sie nun das Spiel wieder zusammen genommen lassen Sie es noch einmal abheben oder machen Sie es selbst.
Dadurch kommen die Damen in die Mitte. Wenn Sie das Spiel nun durchsuchen, nehmen Sie die jeweils rechte Karte neben der offen liegenden Dame mit raus. Machen Sie da so bei beiden Damen und legen Sie alle vier Karten auf den Tisch. Jetzt liegen alle vier Damen auf den Tisch!

Magic Twist

Das brauchen Sie:
Ein Kartenspiel, 32er oder 52er

Das sieht der Zuschauer:
Der Zauber lässt einen Freiwilligen eine Karte aus einem Spiel ziehen. Er soll sie sich merken und dann wieder in das Kartenspiel zurückstecken. Der Zauberer macht eine magische Bewegung mit dem Spiel. Dann blättert er das Spiel vor: Die Karte des Zuschauers hat sich auf magische Art und Weise umgedreht und liegt als Einzige mit der Bildseite nach oben!

Tricktechnik:
Effektiv und Simpel! Sie müssen nur heimlich eine Karte umdrehen. Sie nehmen also die oberste Karte und bringen Sie verkehrt rum auf die untere Seite des Spiels. Das heisst, das Kartenspiel sieht von beiden Seiten betrachtet gleich aus, man sieht jeweils die Rückseite einer Karte. Das darf natürlich kein Zuschauer sehen! Sie blättern den Zuschauer die Karten nun Bild unten vor. Er nimmt sich eine Karte aus dem Spiel, merkt sie sich und soll sie gegebenenfalls den anderen Zuschauern zeigen. Das sorgt für genügend Ablenkung damit Sie das Kartenspiel heimlich umdrehen können. Die Karten liegen nun als Bild oben, das sieht man aber nicht, da ja oben eine falsch rumliegende Karte liegt. Halten Sie dem Zuschauer nun das Spiel hin, natürlich geschlossen und nicht aufgefächert! Er soll seine

Karte irgendwo reinstecken. Dann machen Sie einige „magische" Bewegungen mit dem Spiel. Dabei drehen Sie das Spiel wieder um, die Bewegungen sollen das Umdrehen verdecken. Noch einfacher ist es das Spiel in einer flüssigen Bewegung kurz hinter den Rücken zu bringen und gleich wieder nach vorne holen. So sieht garantier keiner das Sie blitzschnell die unterste Karte wieder richtig rum drehen. Wenn Sie das Spiel nun wieder vorblättern, liegt die Zuschauerkarte natürlich verkehrt im Spiel!

Vier Asse Twist

Das brauchen Sie:
Ein Kartenspiel, 32er oder 52er

Das sieht der Zuschauer:
Der Zauberer gibt einem Freiwilligen die vier Asse. Dann bitter er ihn die vier Asse an verschiedenen Stellen ins Spiel zurückzustecken. Dazu hält der Vorführende ihm das Spiel hin. Hat der Zuschauer dies erledigt, nimmt der Vorführende das Kartenspiel, bringt es nur kurz hinter dem Rücken und gleich wieder hervor. Dann blättert er das Spiel vor: Alle vier Asse liegen plötzlich Bild oben im Spiel verteilt!

Tricktechnik:
Sie haben es sicher gemerkt: Hier kommt genau die gleiche Methode zum Einsatz wie beim Trick

„Magic Twist". Die Zuschauer glauben das Spiel läge „richtig" rum in ihrer Hand, obwohl eigentlich alle Karten Bild oben liegen mit Ausnahme der untersten Karte, die Sie vorher heimlich umdrehen.

Drei Päckchen

Das brauchen Sie:
Kartenspiel 32er oder 52er
Zettel und Stift

Das sieht der Zuschauer:
Der Zauberer schreibt eine Vorhersage auf einen Zettel und gibt ihn einem Freiwilligen zum Aufpassen. Dann legt der Vorführende drei unterschiedlich grosse Kartenstapel auf den Tisch nebeneinander. Der Zuschauer darf nun völlig frei einen Stapel auswählen. Er wählt also einen Stapel seiner Wahl und auch der Zauberer ist zufrieden:

„Ja, das dachte ich mir, gute Wahl! Sie haben also den 9er Stapel gewählt!" Der Zettel mit der Voraussage wird aufgefaltet: Tatsächlich, es steht die Zahl neun drauf!

Tricktechnik:
Sie müssen vor der Vorführung die Karten etwas sortieren. Suchen Sie zuerst alle vier Neuner Karten raus. Dann brauchen Sie noch drei dreier Karten. Legen Sie die vier Neuner und die drei

Dreier Karten zusammen oben auf das Spiel. Auf den Zettel schreiben sie einfach eine „9" drauf und geben ihn gut zusammengefaltet einen Freiwilligen. Jetzt legen Sie die drei Kartenstapel aus.

Sie legen die obersten vier Karten auf einen Haufen, dies sind die vier Neuner Karten. Der zweite Stapel kann beliebig viele Karten enthalten, ganz unten liegen aber nun die drei Dreien. Der letzte Haufen muss genau neun Karten enthalten. Passen Sie aber auf das die Zuschauer nicht merken, dass Sie beim Ablegen die Karten zählen! Sie ahnen es sicher schon: egal welchen Kartenstapel der Zuschauer auch wählt: Die Vorhersage stimmt irgendwie immer! Beim Stapel mit den drei Dreien sagen Sie einfach: „Gut, nehmen Sie nun die letzten drei Karten von unten und zählen Sie sie zusammen!" Die beiden anderen enthalten entweder die vier Neuner oder eben genau neun Karten.

Spezielle Tricktechniken

Falschmischen

Die ist eine der wichtigsten Methoden in der Kartenzauberei. Wenn Sie das Falschmischen beherrschen, können Sie allein damit schon viele Tricks kreieren. Auch viele der in Kapitel 1 vorgestellten Tricks lassen sich durch falsches Mischen aufwerten. Denken Sie nur mal an die

Tricks mit einer Leitkarte. Gut, Sie kennen also die unterste Karte. Jetzt mischen Sie das Spiel aber vorher noch mal durch. Für die Zuschauer ist das Spiel nur völlig durcheinander. Sie aber kennen trotzdem noch die unterste Karte!
Beim Falschmischen erreichen wir das eine bestimmte Karte ihre Lage nicht verändert, wir haben sie also unter Kontrolle. Sie nehmen das Spiel in normale Mischhaltung. Als Erstes ziehen Sie mit etwas Druck die erste und die letzte Karte vom Spiel. Danach mischen Sie ganz normal weiter. Dadurch verändert sich die Lage der untersten Karte nicht!

Abbildung 3+4

Wollen Sie das die oberste Karte oben bleibt, gehen Sie wie folgt vor:
Ziehen Sie die oberste Karte einzeln vom Spiel ab und mischen dann normal die anderen Karten darüber. Dadurch landet die oberste Karte an letzter Stelle. Jetzt brauchen Sie das Spiel nur nochmals normal mischen, dann kommt sie wieder ganz automatisch an die oberste Stelle.

Üben Sie das Falschmischen gut! Es ist keine schwierige Sache muss aber natürlich rüberkommen! Ein gutes, geübtes Falschmischen wird niemand bemerken. Der Zuschauer nicht und ihre Skatrunde eventuell auch nicht…..:-)

Abbildung 3 Falschmischen

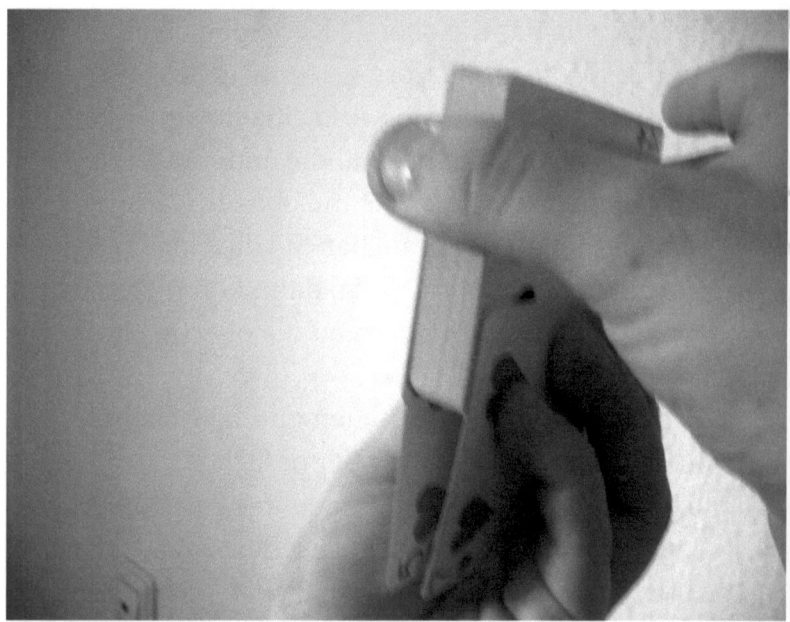

Abbildung 4 Falschmischen

Kartenfahrstuhl

Das brauchen Sie:
Ein Kartenspiel 32er oder 52er

Das sieht der Zuschauer:

Der Zauber lässt von einem Freiwilligen eine beliebige Karte ziehen. Nachdem er sie sich gemerkt hat, soll er seine Karte zurück auf das Kartenspiel legen.
Der Vorführende mischt das Spiel nun kräftig mehrfach durch. Er legt es dann auf den Tisch, schnippt einmal mit den Fingern über dem Spiel und dreht die oberste Karte um: Es ist die vom Zuschauer!

Tricktechnik
Dies wäre eine sehr einfache Anwendung des Falschmischens. Sie müssen nur darauf achten, wie Sie die Karten bei Mischen/Falschmischen halten. Achten Sie darauf, dass niemand unter das Spiel sehen kann! Sonst bemerkt jemand, dass sich die unterste Karte nicht verändert! Sie mischen also mehrmals, bis die Karte des Zuschauers wieder oben liegt. Für einen Trick ist diese Anwendung eigentlich zu simpel, es sollte nur die Technik des Falschmischens verdeutlichen.

Falsch Abheben

Nachdem Sie grade gelernt haben, wie man falsch mischt, kommt nun die logische Erweiterung: das falsche Abheben.

Auch hierbei geht es darum das Sie eine oder mehrere Karten unter Kontrolle haben und sich die Position nicht ändert.

Soll sich die Lage der oberen Karten nicht ändern, gehen Sie wie folgt vor:

Sie müssen das Spiel in drei kleine Haufen teilen. Dazu nehmen Sie das Spiel ganz wie beim normalen Abheben zur Hand. Lassen Sie nun etwa das untere Drittel auf den Tisch fallen. Daneben machen Sie einen weiteren Stapel mit ungefähr der gleichen Anzahl

Karten. Jetzt legen Sie die Restkarten schnell auf den ersten Haufen, nehmen diesen auf und legen ihn auf den zweiten Stapel. Das Spiel ist nun wieder komplett, aber die Lage der Karten des Oberen drittelst hat sich überhaupt nicht verändert!

Besonders effektiv ist es beides zu kombinieren, also das Falschmischen mit zusätzlichem falschem Abheben. Dann ist garantiert jeder Zuschauer davon überzeugt das Kartenspiel sei völlig durcheinander.

Die Wievielte?

Das brauchen Sie:
Ein Kartenspiel 32er oder 52er

Hier ein einfacher Trick, der beide Methoden kombiniert:
Sie mischen ein Kartenspiel gut durch. Dann zeigen Sie einem Zuschauer das Spiel und bitten ihn sich die unterste Karte zu merken. Hat er dies getan, mischen Sie das Spiel nun mehrmals falsch durch und heben es auch noch einmal falsch ab. Dann stecken Sie das Spiel in ihre Hosentasche. Die vom Zuschauer gemerkte Karte muss an unterster Stelle bleiben. Der Zuschauer soll nun seine gemerkte Karten nennen und als Wievielte Sie die Karte hervorholen sollen.
Sagt der Zuschauer zum Beispiel sechs, dann nehmen Sie fünf Karten von der Oberseite des Spiels aus der Tasche und dann die Zuschauerkarte von der Unterseite.

Forcieren

Dies ist wohl mit die wichtigste Technik in der Kartenmagie. Wenn Sie forcieren perfekt beherrschen, können Sie Tausende von Kartentricks vorführen.
Beim Forcieren lassen Sie einen Zuschauer eine oder mehrere Karten wählen, die Sie vorher kennen. Der Zuschauer aber glaubt er habe völlig

frei gewählt. Es gibt unzählige Techniken des Forcierens in der Zauberkunst, ganze Bücher beschäftigen sich nur mit solchen Methoden. Hier werde ich Ihnen einige vorstellen.

Fächerforcieren

Sie halten dem Zuschauer die Karten vorgefächert hin, er wählt eine. Das ist die natürlichste und unauffälligste Variante. Die Karte, die der Zuschauer wählen soll, muss ganz unten im Spiel liegen. Sie müssen also nur die unterste Karte kennen. Beim Vorfächern der Karten schieben sie heimlich die unterste Karte ganz nach rechts. Die Karten werden weiter vorgeblättert, bis der Zuschauer auf irgendeine Karte tippt. An dieser Stelle teilen Sie das Spiel und schieben sofort mit der linken Hand den rechten Stapel zusammen. Halten Sie dem Zuschauer nun den rechten Stapel so hin, dass er die unterste Karte sehen kann:

„Das ist ihre Karte!"

Natürlich ist es die Karte, die Sie ja schon vorher kannten und heimlich nach rechts verschoben haben. Diese Methode des Forcierens ist eine der Besten überhaupt aber nicht wirklich leicht. Es braucht viel Übung und etwas Fingerfertigkeit. Richtig beherrscht ist es aber total überzeugend.
Abbildung 6

Frageforcieren

Dies ist eine simple Methode.
Sie haben zum Beispiel drei Kartenstapel auf dem Tisch liegen und wollen dass der Zuschauer, den ganz rechten wählt. Fragen Sie ihn:

„Welchen Stapel soll ich nehmen?"

Nennt er den rechten ist alles in Ordnung, nennt er den linken oder den in der Mitte, nehmen Sie diesen Stapel einfach weg:

„Ah, gut, dann nehme ich diesen also weg!"

So fahren Sie dann auch mit den Übrigen beiden fort. Durch die Fragestellung ist nicht klar was Sie mit „nehmen" meinen! Das macht auch nichts solange der Zuschauer nicht weiss was Sie vorhaben oder wie der Trick abläuft. Diese Methode kann beliebig verändert und variiert werden und ist natürlich nicht nur auf Kartentricks beschränkt! Sie findet in allen Arten der Zauberkunst Verwendung: bei Hellsehtricks, Münzenmagie, Tüchertricks, etc.

Abhebe forcieren

Dies ist eine einfachere Methode eine Karte zu forcieren. Sie ist für den Anfang leichter und benötigt keine Fingerfertigkeit. Sie mischen das

Spiel falsch und bringen die Karte die der
Zuschauer später bekommen soll nach oben auf
das Spiel also: Falsch mischen, unterste Karte
merken, normal mischen, bis diese Karte an erster
Stelle oben liegt. Das weiss natürlich niemand.
Dann soll der Freiwillige das Spiel abheben und
seinen Stapel umgedreht, also Bild oben auf das
Kartenspiel zurücklegen. Jetzt soll er nochmals
abheben aber etwas weiter unten als beim ersten
Mal, dann wieder alles zurück aufs Spiel. Jetzt
schieben Sie das Spiel auf den Tisch auseinander.
Die erste Hälfte der Karten liegt Bild oben. Der
Zuschauer soll die erste Karte, die „normal", also
Bild unten liegt, rausnehmen. Das ist die Karte die
Sie vorher kannten und nach oben gemischt
hatten! Jetzt hat der Zuschauer die Karte, die er
bekommen sollte und Sie können einen beliebigen
Trick ausführen, da ja nun alle Arbeit getan ist.

Glissieren

Eine weitere spezielle Technik ist das Glissieren
das auch einfach „abschleifen" genannt wird.
Diese Methode ist nicht kompliziert in der
Ausführung. Trotzdem muss sie, wie alles andere
auch, sehr gut geübt werden. Sonst sieht ein
Zuschauer „dass Sie da irgendwas rumfummeln".

Sie nehmen das Kartenspiel an der Längsseite,
dabei üben etwas Druck auf die Seiten aus.

Jetzt schieben Sie mit den Mittel oder Ringfinger die unterste Karte etwas nach hinten. Wenn Sie jetzt mit der anderen Hand von unten an das Spiel greifen, können Sie ganz einfach die zweite Karte von unten hervorholen. (Abbildung 5) Dies wird zum Beispiel eingesetzt wenn man dem Zuschauer vorher die unterste Karte gezeigt hat. Dieser glaubt dann ja, dass Sie diese Karte hervorholen.

Hier gleich mal eine einfache Anwendung:

Einfache Kartenverwandlung

Das brauchen Sie:
Ein beliebiges Kartenspiel

Das sieht der Zuschauer:
Der Zauberer mischt ein Kartenspiel gut durch und lässt es von einem Freiwilligen abheben. Ein Zuschauer soll sich nun die unterste Karte merken, diese wird dann verdeckt auf den Tisch gelegt. Der Vorführende mischt das Spiel nun noch mal. Dann nimmt er die oberste Karte ab. Der Zuschauer soll nun seine Karte nennen und dann die auf den Tisch Liegende umdrehen. Es ist nicht mehr seine Karte! Diese hält nun der Zauberer in der Hand!

Tricktechnik:
Der Vorgang ist mit dem bisher erlernten recht
einfach. Anfangs können Sie das Kartenspiel
natürlich auch vom Zuschauer mischen lassen.
Dann zeigen Sie ihm die unterste Karte und
drehen das Spiel wieder Bild unten. Sie glissieren
die unterste Karte und legen also die Zweite von
unten verdeckt auf den Tisch. Die vom Zuschauer
Gemerkte liegt also immer noch als Unterste. Jetzt
mischen Sie einfach falsch und bringen die Karte
nach oben. Dann können Sie auch noch mal falsch
abheben und legen das Spiel auf den Tisch. Der
Zuschauer nennt seine Karte und dreht sie dann
um. Jetzt nehmen Sie die Oberste vom Spiel und
decken Sie auf: die vom Zuschauer vorher
Gewählte! Das kann bei flüssigem Ablauf sehr
verblüffend wirken.
Sie können am Ende natürlich auch den
Zuschauer bitten nun die Oberste vom Stapel
umzudrehen.

Doppelte Kartenverwandlung

Dies ist eine von mir erweiterte Variante des
vorherigen Tricks. Es kommt besonders auf eine
schnelle, flüssige Vorführung an.

Das brauchen Sie:
Ein beliebiges Kartenspiel 32er oder 52er

Das sieht der Zuschauer:

Der Zauberer mischt das Kartenspiel durch, ein Freiwilliger soll sich die unterste Karte merken. Diese wird dann verdeckt auf den Tisch gelegt. Die Karten werden noch mal kurz gemischt und ein zweiter Zuschauer merkt sich die nun unten liegende Karte. Beide Karten liegen nun nebeneinander verdeckt auf den Tisch. Der Zauber mischt das Spiel nun gründlich durch und hebt es ab. Beide Zuschauer nennen ihre gemerkten Karten. Werden die Karten nun aufgedeckt, so sind es nicht mehr die von den beiden Freiwilligen! Der Zauberer dreht die beiden auf dem Kartenspiel oben liegenden Karten um: Es sind natürlich die von den beiden Zuschauern!

Tricktechnik:

Mit dem bisher erlernten sollten Sie eigentlich schon wissen, wie der Trick funktioniert. Es ist eine erweiterte Variante von *Einfache Kartenverwandlung*. Die erste Karte wird ganz normal glissiert. Dann mischen Sie das Kartenspiel einmal normal, wodurch die unterste Karte nach oben kommt. Der zweite Zuschauer merkt sich seine Karte, Sie glissieren diese, legen die Zweite von unten verdeckt auf den Tisch. In Wahrheit befinden sich jetzt beide Zuschauerkarten im Spiel. Jeweils als erste und letzte Karte im Spiel. Dazu müssen Sie aber sorgfältig vorgehen beim normalen Mischen! Jetzt mischen Sie einmal falsch, wodurch die Oberste auf der Untersten zu liegen kommt. Sofort mischen Sie das Spiel normal durch. Beide Zuschauerkarten liegen nun ganz oben auf dem Spiel. Fragen Sie zuerst den zweiten Zuschauer nach seiner Karte, denn diese liegt ganz oben!

Egalisieren

Dies ist eigentlich kein Kunstgriff.
Damit meint man in der Fachsprache das saubere Zusammenschieben des Kartenspiels. Die Karten werden sorgfältig glatt gestrichen, sodass nichts mehr an den Seiten übersteht. Es wird benutzt um andere Griffe vorzubereiten oder um den Zuschauern zu zeigen, dass seine Karte wirklich im Spiel verschwunden ist.

Abbildung 5 So sieht das Glissieren von unten aus

Abbildung 6 Fächerforcieren

Dublieren

Das Dublieren ist eine fortgeschrittene Technik
der Kartenkunst. Sie erfordert Handfertigkeit und
viel Übung. Wenn man sie aber beherrscht,
ermöglicht es einem viele erstaunliche Tricks.
Beim Dublieren geht es in der einfachen Variante
darum zwei Spielkarten so abzuheben das es so
aussieht als hätten Sie nur eine in der Hand. Dazu
gibt es viele verschiedene Methoden. Ganze
Bücher wurden nur mit Dubliertechniken gefüllt.
Ich möchte Ihnen hier zwei praktische Methoden
vorstellen.

Abbildung 7, Dublieren Methode 1

Abbildung 8, Dublieren Methode 1

Methode 1

Sie halten das Spiel in ihrer linken Hand, der
Zeigefinger liegt auf der vorderen Kante. Die
Hand umfasst das Spiel recht fest, dadurch
werden die Karten egalisiert. Wichtig ist, dass die
beiden obersten Karten genau aufeinander liegen.
Die rechte Hand kommt von oben an das
Kartenspiel, die vier Finger gehen an die
Vorderkante, der Daumen an die hintere
Schmalseite. Mit dem Daumen riffeln Sie nun an
den Karten entlang, bis Sie die zwei obersten vom
Spiel abgetrennt haben. Greifen Sie nun mit der
ganzen Hand beide Karten an der hinteren
Längsseite. Dabei üben Sie weiter mit den Fingern
der linken Hand genügend Druck auf die Karten
ab, damit sie egalisiert bleiben. Jetzt können Sie
beide Karten umdrehen und Bild oben aufs Spiel
legen. Es sieht so aus als läge nur eine Karte
umgedreht auf dem Spiel. Achten Sie darauf die
Karten nicht ganz aufs Spiel zu legen. Am besten
lassen Sie einen Rand überstehen, damit Sie beide
Karten einfacher wieder dubliert vom Kartenspiel
runter nehmen können.

Abbildung 7+8

Abbildung 9, Dublieren Methode 2

Abbildung 10, Dublieren Methode 2

Methode 2

Diese Methode benutze ich selber am liebsten. Alles läuft genauso ab wie bei der Ersten. Das Abheben und Umdrehen der zwei dublierten Karten ist aber anders. Wenn Sie die beiden obersten Karten abgeriffelt haben, geht der Daumen der rechten Hand an die Linke hintere Ecke der Karten. Der Mittelfinger geht an die vordere rechte Ecke. Dann heben Sie beide Karten etwas an, der linke Daumen drückt nun auf die linke, vordere Ecke und dreht die Karten so um.

Kartenverwandlung

Das brauchen Sie:
Ein Kartenspiel, 32er oder 52er
Gegebenfalls eine Duplikatkarte

Das sieht der Zuschauer:
Der Zauber zeigt die oberste Karte eines Spiels vor. Dann wird Sie verdeckt auf den Tisch gelegt. Ein kurzes Fingerschnippen, die Karte wird umgedreht: Sie hat sich in eine andere verwandelt!

Tricktechnik:
Dies ist eine recht einfache Anwendung des Dublierens. Sie dublieren einfach die zwei obersten Karten. Dann legen Sie die wirklich oberste Karte auf den Tisch.

So simpel sollten Sie das Ganze aber nicht vorführen. Sie könnten auch scheinbar die oberste Karte in die Mitte des Spiels stecken: Eine magische Bewegung und die Karte ist wieder nach oben gewandert.

Das wäre ein Grundgriff einer „Ehrgeizigen Karte" Trickabfolge. Solche Trickroutinen bestehen aus einer Reihe verschiedener Tricks bei dem eine bestimmte Karte unter den unmöglichsten Bedingungen immer wieder scheinbar nach oben wandert.

Kartenteleport

Das brauchen Sie:
Ein Kartenspiel, 32er oder 52er
Eine Duplikatkarte

Das sieht der Zuschauer:
Der Zauberer zeigt das Pik Ass vor und legt es verdeckt auf den Tisch. Dann zeigt er das Kreuz Ass vor und legt es auf das Kartenspiel. Eine magische Bewegung. Ein Zuschauer soll nun die Karte auf dem Tisch umdrehen: Es ist das Kreuz Ass! Das Pik Ass ist auf das Kartenspiel gewandert.

Tricktechnik:
Was in der Beschreibung vielleicht etwas nüchtern klingt, ist ein wirklicher Hammereffekt! Vorausgesetzt er wird richtig vorgeführt! Sie

brauchen zwei absolut gleiche Karten. Besorgen Sie sich also einfach zwei Kartenspiele der gleichen Marke. Als Erstes suchen Sie aus beiden Spielen die Pik Ass Karten raus. Davon brauchen Sie nämlich zwei. Und dann noch das Kreuz Ass, das kommt zwischen die beiden Pik Ass karten. So vorbereitet legen Sie die drei Karten auf das Spiel. Bei der Vorführung dublieren Sie zuerst die beiden oberen Asse und zeigen somit das Kreuz Ass vor. Dann legen Sie die Karte verdeckt auf den Tisch, in Wirklichkeit das erste Pik Ass. Jetzt dublieren Sie die beiden restlichen Asse und zeigen sie als eine Karte vor, nämlich als Pik Ass und drehen sie gleich wieder um. Machen Sie kurz eine magische Bewegung und bitten einen Zuschauer die Karte auf dem Tisch umzudrehen, sie hat sich scheinbar in das Kreuz Ass verwandelt! Dann drehen Sie die oberste Karte des Kartenspiels um, und siehe da: Das Pik Ass liegt nun auf den Stapel.

Der Trick sollte recht zügig aber nicht hektisch vorgeführt werden. Diese Wanderung haut die Zuschauer regelrecht um!

Kartenhypnose

Das brauchen Sie:

Ein Kartenspiel 32er oder 52er, 32er empfohlen

Das sieht der Zuschauer:

Sie erzählen den Zuschauern etwas von ihren Hypnosefähigkeiten. Um diese zu demonstrieren, legen Sie die Karten eines Spiels völlig ungeordnet auf den Tisch. Die Zuschauer sollen das Spiel nun weiter durcheinanderbringen, mischen, abheben. Haben sich die Zuschauer ausgetobt, nehmen Sie das Spiel wieder zusammen. Dann verteilen Sie das ganze Kartenspiel grob auf den Tisch. Alle Karten Bild unten so das niemand weis, welche Karten auf dem Tisch liegen. Sie wählen irgendeinen Zuschauer: „Tippen Sie bitte auf die Kreuz Neun! Sie wissen nicht, wo die liegt? Vertrauen Sie mir, tippen sie einfach auf eine Karte!"

Der Freiwillige tippt auf eine Karte. Sie nehmen diese ungezeigt auf. Ein weiterer Zuschauer soll nun die Karo Sieben tippen. Auch diese Karte nehmen Sie an sich. Das machen Sie nun solange, bis Sie genug Karten haben. Am Ende wollen Sie selber noch den Herz König finden und nehmen eine letzte Karte auf. Wenn Sie jetzt alle Karten aufdecken sind es tatsächlich die von Ihnen verlangten:

„Sehen sie, es hat funktioniert! Ich habe sie so beeinflusst, dass sie diese Karten finden!"

Tricktechnik:

Die Methode, die hier zum Einsatz kommt, heisst „1+". Eigentlich recht einfach, wenn man weiss, wie es geht. Sie müssen sich hier mal wieder heimlich die unterste Karte des Spiels merken. Mischen Sie das Kartenspiel noch mal durch und bringen Sie die unterste Karte nach oben. Dann fangen Sie an, die Karten auf den Tisch auszulegen. Merken Sie sich aber wo Sie die oberste Karte hinlegen! Jetzt nennen Sie die Karte, die Sie kennen, also die eben noch oben liegende. Der Zuschauer tippt auf irgendeine Karte, Sie nehmen diese dann verdeckt in ihre Hand. Nehmen wir an die oberste Karte, war Pik 7. Dann verlangen Sie vom Zuschauer er soll instinktiv auf die Pik Sieben tippen. Er tippt aber zum Beispiel auf die Karo Drei. Dann sagen Sie dem zweiten Freiwilligen, er soll auf die Karo Drei tippen. Das geht jetzt natürlich nicht da Sie diese Karte ja schon in der Hand halten! Der zweite Zuschauer tippt auf Herz König, dann verlangen Sie von einem dritten Er soll diese Karte „finden". Das machen Sie so lange, bis Sie einige Karten auf der Hand haben. Als Letztes wollen Sie selber noch eine Karte finden. Jetzt nehmen Sie die Karte, die Sie als Erstes abgelegt haben und ja auch kennen. In unserem Beispiel die Pik sieben. Wenn Sie jetzt alle Karten aufdecken, sind die Zuschauer sehr verblüfft, weil es kaum nachvollziehbar ist, wie das funktioniert hat.

Es kann natürlich auch mal der unwahrscheinliche Fall eintreten, dass der erste Zuschauer gleich die von ihnen gemerkte Karte zieht. Dann haben Sie trotzdem einen Knaller Effekt. Betonen Sie in diesem Fall, wie viele verschiedene Karten auf den Tisch liegen und er habe nur mit Suggestion diese eine gefunden!

Kartensteiger Easy

Das brauchen Sie:
Ein Kartenspiel 32er oder 52er
Eine präparierte Kartenschachtel

Das sieht der Zuschauer:
Sie lassen einen Zuschauer eine Karte aus dem Spiel wählen. Die Karten kommen zurück ins Spiel. Es wird noch mal gemischt, dann stecken Sie das Kartenspiel zurück in die Kartenschachtel. Der Freiwillige soll nun seine Karten nennen. Sie halten die Schachtel in der Hand. Plötzlich steigt die vom Zuschauer gewählte Karte ganz von allein aus der Schachtel!

Tricktechnik:
Für diesen Trick benötigen Sie ein Kartenspiel bei der die Schachtel die gleiche Rückseite hat wie auch die Karten selbst. Das ist nicht immer der Fall, also achten Sie beim Kauf eines Spiels darauf. Nun müssen Sie etwas basteln: Sie schneiden einen Schlitz in die Rückseite der Kartenschachtel, so wie der Abbildung gezeigt. Wenn die Karten in der Schachtel sind, können Sie das auch vorzeigen, aber nicht zu nah. Es wird kaum auffallen. Aus der Hand geben können Sie die Schachtel natürlich nicht.

Sie können die Zuschauerkarte zum Beispiel forcieren. Oder Sie lassen ihn wirklich eine Karte frei wählen, er legt sie auf das Spiel und Sie mischen falsch. Wichtig ist nur, dass am Ende die Karte ganz oben auf dem Spiel liegt.

Wenn Sie die Kartenschachtel nun in der Hand halten, schieben Sie mit dem Zeigefinger durch den Schlitz heimlich langsam nach oben aus der Schachtel aber nicht ganz.

Das sieht für die Zuschauer sehr verblüffend aus!

Abbildung 11+12

Abbildung 11 So präparieren Sie die Kartenschachtel

Abbildung 12 Der Daumen schiebt die Karte nach oben

Kartenlotto

Das brauchen Sie:
Ein Kartenspiel 32er oder 52er
Vier Briefumschläge

Das sieht der Zuschauer:
Der Zauber braucht vier Freiwillige. Diese sollen
aus einem Kartenspiel verdeckt vier Karten
ziehen. Jeder Zuschauer steckt seine Karte sofort
in einen Umschlag, nachdem er sie sich merkte.
Der Zauberer nimmt nun alle Umschläge zu sich.
Nach einigem Überlegen nennt er eine Karte.
Einer der Zuschauer bestätigt, dass es seine Karte

67

war. Der Zauberer öffnet einen Umschlag,
entnimmt die Karte und nickt zufrieden.
So fährt der Vorführende fort, bis alle Karten
erraten wurden. Am Ende zeigt der Zauberer
natürlich die Karten noch mal vor.

Tricktechnik:
Bei diesem Trick kommt die gleiche Technik zum
Einsatz wie bei „Kartenhypnose". Die so genannte
„1+" Methode. Sie müssen nur eine Karte, am
besten die Erste, forcieren. Sie haben ja schon
verschiedene Methoden dazu kennengelernt. Das
heisst Sie kennen also eine der Karten vorher,
achten Sie darauf, in welchem Umschlag diese
kommt. Die anderen Karten werden von den
Zuschauern frei gewählt. Wenn Sie nun alle
Umschläge wieder haben merken Sie sich genau
in welchem die Ihnen bekannte Karte ist! Diesen
werden Sie als Letztes öffnen. Nehmen Sie also,
einen der drei anderen. Halten Sie ihn einen
Moment an Ihre Stirn. Nennen Sie nun die ihnen
bekannte Karte und sehen Sie ihren Freiwilligen
fragend an. Einer wird ihnen bestätigen, dass es
seine Karte ist. Öffnen Sie den Umschlag, nehmen
Sie die Karte raus und betrachten Sie kurz. Dabei
nicken Sie zufrieden. Legen Sie diese Karte sofort
verdeckt auf den Tisch. Sie können Sie natürlich
nicht vorzeigen, da es ja eine ganz andere Karte
ist! Dies merken Sie sich nun. Sie nehmen den
zweiten Umschlag, halten ihn kurz an die Stirn
und nennen die eben gesehene Karte. So fahren

Sie einfach fort bis zum letzten Umschlag. Alle Karten liegen nun verdeckt auf einen Stapel. Jetzt können Sie alle Karten vorzeigen. Für die Zuschauer völlig unerklärlich.

Schauspielern Sie bei dem Trick etwas. Wenn Sie einfach nur eine Karte nach der anderen nennen, wirkt das recht langweilig.

Auch ich habe die Erfahrung gemacht, dass die Zuschauer oft die Umschläge kontrollieren wollen, weil sie vermuten, Sie könnten irgendwie durchsehen. Das ist natürlich kein Problem, da ja alles völlig unpräpariert ist!

Unmöglicher Zufall

Das brauchen Sie:
Ein Kartenspiel 32er oder 52er
Einen Zettel und Stift

Das sieht der Zuschauer:
Der Zauberer fragt die Zuschauer, ob sie Lotto spielen würden. Er möchte eine Demonstration der Wahrscheinlichkeiten vorführen. Dazu mischt er ein Kartenspiel gut durch. Ein freiwilliger soll nun irgendeine beliebige Karte nennen. Es wird zum Beispiel die Herz Sechs genannt. Der Zauberer fragt nun, wie wahrscheinlich es wohl wäre, wenn ausgerechnet diese Karte nun oben liegen würde. Sehr unwahrscheinlich werden die Zuschauer meinen. Der Zauber nimmt die obersten Karten vom Spiel, wartet einen Moment

und dreht sie um, es ist natürlich eine andere Karte. Ein Zuschauer soll nun diese Karte auf den Zettel notieren. Das Spiel wird noch mal gemischt. Wieder nimmt der Zauberer die oberste Karte vom Spiel, mal sehen, ob es diesmal die Herz Sechs ist! Nein, auch diesmal ist es eine andere Karte. Diese wird wieder auf den Zettel notiert. Der Zauberer erklärt, dass man diesen Vorgang sicher sehr oft wiederholen müsste, bis wirklich genau diese eine zufällig genannte Karte oben liegen würde. Wie beim Roulette oder anderen Glücksspielen hängt alles vom Zufall ab. Genauso wurden auch die zwei notierten Karten völlig zufällig gezogen. Ein Freiwilliger soll nun das Spiel in zwei Kartenstapel auslegen. Immer abwechselnd eine Karte rechts, eine links.
Nun liegen zwei Kartenstapel auf dem Tisch. Ein Zuschauer soll die beiden notierten Karten vorlesen. Der Zauber dreht von jedem Stapel die obersten Karten um: Es sind die beiden völlig zufällig Gewählten!

Tricktechnik:
Hier kommt es besonders auf die richtige Präsentation an. Sie können bei der Vorführung etwas von Lotto erzählen oder aber vom Roulettespiel und deren Gewinnwahrscheinlichkeiten.
Wenn die erste Karte umgedreht und notiert wurde, kommt sie ganz oben auf das Spiel. Hier können Sie einen kleinen Gag einbauen: Sie lassen

eine beliebige Karte nennen und betonen, wie unwahrscheinlich es wäre, wenn diese nun ganz oben auf dem Spiel liegen würden. Dann nehmen Sie die Karte auf und halten sie verdeckt hoch. Warten Sie einen kurzen Augenblick und drehen sie um.

„Ja das wäre ein wirklich toller Trick oder?"

Der Gag kommt eigentlich immer gut an und lenkt prima vom Trickgeschehen ab. Sie legen die Karte nämlich einfach wieder oben auf das Spiel und mischen es einmal durch, sodass sie ganz nach unten kommt. Dann drehen Sie wieder die Oberste um, es ist auch eine andere, und lassen diese wieder notieren. Jetzt mischen Sie einmal falsch, sodass die Unterste an ihrer Stelle bleibt und die zweite Karte zur zweituntersten wird. Wenn das Spiel nun in zwei Hälften ausgeteilt wird, kommen die beiden Karten ganz automatisch an die jeweils oberste Stelle. Der Rest ist Show.

Drei Hammereffekte

Hier finden Sie noch drei, meiner Meinung nach, richtige Hammertricks! Diese Effekte sollten, richtig vorgeführt, ihre Zuschauer umhauen. Sie sind geeignet als Schlusstrick, wenn Sie mehre, Kartentricks vorführen, also als Höhepunkt eines richtigen Zauberprogramms.

Natürlich kann man sie auch einzeln zeigen aber es wird schwer, danach noch eine Steigerung zu bieten.

Karte im Umschlag

Das brauchen Sie:
Ein Kartenspiel 32er oder 52er
Ein Briefumschlag
Eine Duplikatkarte
Feuerzeug
Aschenbecher

Das sieht der Zuschauer:
Der Zauberer legt einen verschlossenen Briefumschlag auf en Tisch, dabei erklärt er noch nicht, wofür dieser gedacht ist. Dann lässt er aus einem gut gemischten Kartenspiel eine Karte ziehen, die restlichen Karten legt er auf den Tisch. Die vom Zuschauer gezogene Karte wird nun zusammengefaltet. Dann zündet der Zauberer die Karte einfach an! Die Zuschauer sehen, wie sie langsam verbrennt. Nach einer Weile bittet er einen anderen Zuschauer den Umschlag, der die ganze Zeit auf dem Tisch lag, zu öffnen: unglaublich! Darin befindet sich die so eben verbrannte Karte des Zuschauers!

Tricktechnik:

Sie werden zugeben, dass dies ein sehr spektakulärer Trick ist. Er eignet sich wunderbar als Höhepunkt eines Kartenprogramms. Auch hier ist die eigentliche Ausführung nicht sonderlich schwer, aber die Präsentation macht es! Also machen Sie eine grosse Show draus!

Sie brauchen natürlich eine Karte doppelt. Eine davon kommt in den Umschlag. Falten Sie diese Duplikatkarte aber vorher! Und zwar genauso, wie die zweite Karte später gefaltet wird! So gefaltet kommt sie dann in den Umschlag. Das verstärkt hinterher den Eindruck, dass es wirklich die gleiche Karte des Zuschauers ist. Das Publikum weiss ja bis zum Schluss nicht, was im Briefumschlag ist, sagen Sie auch vorher nichts dazu. Sie forcieren einem Freiwilligen nun die gleiche Karte aus dem Spiel. Dann falten Sie die Karte nach der gleichen Art wie die Karte im Umschlag. Das Verbrennen der Karte präsentieren Sie nun effektvoll in dem Sie die Karte anzünden, noch einen Moment in der Hand halten und dann in den Aschenbecher werfen. Warten Sie, bis die Karte völlig verbrannt ist. Dann erklären Sie noch mal, wie zufällig alles abgelaufen ist. Sie konnten unmöglich wissen, welche Karte der Zuschauer zieht! Die Karte ist komplett zerstört. Dann lenken Sie die Aufmerksamkeit auf den Umschlag. Betonen Sie, dass er von Anfang an auf den Tisch lag. Sie haben ich danach zu keiner Zeit mehr berührt! Jetzt bitten Sie einen Zuschauer, den

Umschlag zu öffnen. Wenn der Freiwillige nun
die Karte aus dem Umschlag nimmt und auffaltet,
wird es die Zuschauer sicher umhauen!
Der Effekt ist so stark, dass ich es oft erlebt habe,
dass die Zuschauer mir Fragen oder Vermutungen
direkt entgegenbrachten. Gehen Sie auf keine
Frage oder Diskussion ein. Bedanken Sie sich
höfflich für die Aufmerksamkeit.

Handyzauberei

Das brauchen Sie:
Ein Kartenspiel 32er oder 52er
Ein Fotohandy

Das sieht der Zuschauer:
Der Zauber lässt aus einem Kartenspiel eine
beliebige Karte wählen und zurück ins Spiel
mischen. Er versucht nun, die Karte zu finden.
Der Zauberer behauptet die Karte würde nun
nach oben gewandert sein. Er dreht die oberste
Karte um, aber es ist leider eine andere. So was sei
ihm ja noch nie passiert erklärt er. Das läge am
Kartenspiel, er müsste sein Scheitern
dokumentieren. Also holt der Zauber sein Handy
aus der Tasche und macht ein Foto des
Kartenspiels samt oben liegender falscher Karte.
Erstaunt blickt er hinterher auf sein Handy: Auf
dem Foto ist die Karte des Zuschauers zu sehen!
Abbildung 14

Tricktechnik:
Die ist eine meiner ganz eigenen Trickkreationen und zeigt, dass man Kartentricks durchaus zeitgemäß verpacken kann. Zur Tricktechnik brauch ich wohl nicht viel zu sagen oder? Die Karte wird dem Zuschauer natürlich forciert. Sie machen vorher ein entsprechendes Foto mit Ihrem Handy. Ich empfehle, das Foto direkt von oben und möglichst nah zu machen. Natürlich gibt es unüberschaubar viele Handytypen, die richtigen Einstellungen müssen Sie selber rausfinden.
Sie könnten auch eine Voraussage auf ihre Mailbox sprechen. Der Trick geht scheinbar schief und Sie bitten den Zuschauer die entsprechende Nummer zu wählen. Er soll dann laut sagen, was er hört. Auch das ist ein Hammereffekt für die Zuschauer.
Seien Sie kreativ, erfinden Sie eigene Varianten und Tricks.

Augen um Auge

Das ist eine Variante eines Tricks, den ich bei Jochen Zmeck gefunden habe. Ich änderte in nur ein wenig ab.

Das brauchen Sie:
Ein Kartenspiel 32er oder 52er
Eine präparierte Herz Ass Karte

Das sieht der Zuschauer:
Der Zauber zeigt ein Kartenspiel vor und dreht
die oberste Karte mithilfe einer Zweiten um, es ist
die Herz acht.

„Sehen Sie, die Herz Acht, hat eben auch acht
Herz Symbole aufgedruckt"

Er bewegt eine andere Karte nur kurz über das
Herz Ass und schon hat sie sich in die herz Sieben
verwandelt.

„Oh, jetzt ist es nur noch die Herz Sieben, ein
Herz fehlt also!"

Jetzt dreht der Zauberer die zweite Karte Bild
oben um und legt sie auf den Tisch: Es ist eine
Blankokarte, auf der nur ein rotes Herz in der
Mitte aufgedruckt ist.

„Sehen sie, hier ist ja das verlorene Herz!"

Dann legt er die herz Sieben Karte Bild unten auf
den Tisch. Er nimmt die Karte mit dem einzelnen
Herz und steckt sie zurück ins Kartenspiel.
Jetzt tippt er kurz einmal auf das Spiel und einmal
auf die verdeckt liegende Herz Sieben.
Wird diese umgedreht, so hat sie sich wieder
zurück in die Herz Acht verwandelt!

Tricktechnik:

Dies ist eine sehr effektvolle Kartenverwandlung. Sie müssen sich allerdings die Herz Ass Karte präparieren. Kratzen Sie mit einer Rasierklinge die kleinen Symbole in den Ecken weg. Das geht eigentlich ganz gut, wenn man vorsichtig ist. So erhalten Sie dann eine Karte, die nur in der Mitte ein Herz hat. Natürlich ginge es auch ohne diese Bastelei und Sie könnten die Karte normal verwenden, wenn Sie zum Beispiel bei Freunden sind und sich das Kartenspiel nur ausleihen. Ich finde aber es verstärkt den Effekt nicht unwesentlich, wenn Sie mit so einer speziellen Karte arbeiten.

Ausserdem suchen Sie sich vorher die Herz Sieben und die Herz Acht aus dem Spiel raus. Sie legen die drei Karten wie folgt oben auf das Kartenspiel: Zuerst die Herz Acht Bild unten, darüber die Herz Sieben, aber Bild oben. Darauf kommt dann unsere präparierte Karte, natürlich auch Bild unten.

Sie dublieren die beiden obersten Karten und nehmen sie vom Spiel. Der Daumen schiebt die nächste Karte, also die Herz Acht, etwas raus. Sie drehen nun mit den beiden dublierten Karten die Herz Acht um. Dann schieben Sie die Karten zusammen und ziehen nur die oberste Karte zurück. Jetzt sieht man die Herz Sieben, die Karte hat sich verwandelt. Sie erzählen den Zuschauern, dass ein Herz verschwunden ist, und fragen sie, wo es wohl geblieben ist. Warten Sie kurz ab und drehen dann ihre spezielle Karte um. Das löst dann den „Aha" Effekt beim Publikum aus. Legen Sie die spezial Karte Bild oben auf den Tisch. Das Kartenspiel ist immer noch in ihrer Hand, die Herz Sieben liegt Bild oben darauf. Jetzt müssen Sie wieder die beiden obersten Karten dublieren umdrehen und aufs Spiel legen. Sofort nehmen Sie die oberste Karte verdeckt ab und legen Sie auf den Tisch. Die Zuschauer denken natürlich Sie hätten jetzt die Herz Sieben abgelegt, dabei war es ja schon die Herz Acht! Sie nehmen die spezial Karte auf, stecken Sie mitten ins Spiel und heben einmal ab. So verschwinden alle verräterischen Karten erstmal im Kartenspiel. Dann können Sie ganz ruhig die zurück Verwandlung der Karte präsentieren!

Diesen Trick würde ich allerdings nicht als letzten zeigen, da sind die anderen beiden besser geeignet. Als Eröffnungstrick aber ist er gut, weil es ein schneller, kurzer aber sehr optischer Effekt ist. Wollen Sie dann aber weitere Tricks zeigen, müssen Sie das präparierte Herz Ass vorher entsorgen! Entweder schaffen Sie es die einzelne Karte zu beseitigen oder aber Sie haben ein zweites Kartenspiel dabei. Dann stecken Sie das Spiel beiläufig weg, besinnen sich und holen das andere Spiel aus der Tasche.

Abbildung 15+16

Abbildung 13 Die Karte im Umschlag

Abbildung 14 Handymagie-Zaubern modern

Abbildung 15 Auge um Auge

Abbildung 16 Die Herz Acht vor der Verwandlung

80

Die richtigen Karten

Natürlich können Sie die Tricks, die Sie in diesem Buch finden, mit jedem normalen Kartenspiel vorführen. Bei manchen Tricks müssen Sie was präparieren. Trotzdem gibt es bei Karten qualitativ enorme Unterschiede. Die normalen Skatspiele sind meisten aus einfacher Pappe und fühlen sich auch so an.

Besser wäre es ein paar Euros in gute Karten zu investieren. Die meisten Zauberer verwenden Karten der amerikanischen Marke „Bicycle" und diese werden von der US Playing Card Co produziert. Diese sind im Pokerformat gehalten und haben eine hervorragende Qualität. Durch eine spezielle Beschichtung lassen sie sich wunderbar halten. Bicycle ist der grösste Anbieter und hat viele spezielle Karten für Zauberer im Angebot. Auf den Fotos in diesem Buch sehen Sie die karten im Einsatz. Sie sollten sich solche Karten besorgen, das ist meine Empfehlung. Wenn Sie einmal mit Bicyclekarten „gearbeitet" haben, werden Sie nie wieder andere wollen! Bezugsmöglichkeiten finden Sie unter den Internetadressen, dort nenne ich Ihnen einige Händler.

Wie geht es weiter?

Sie haben nun etliche Tricks und Tricktechniken gelernt. Je öfter Sie diese nun vorführen umso besser werden Sie es können. Es tritt dann die gewünschte Routine ein. Sie werden mit der Zeit wie ein Profi wirken, weil jeder Handgriff sitzt. So soll es sein. Wie geht es weiter? Sie haben in diesem Buch das Grundwerkzeug der Kartenzauberkunst kennengelernt. Das sind grade einmal die „Basics"! Die Kartenzauberkunst ist und bleibt das umfangreichste Gebiet der Magie. Sie können noch viel lernen, wenn Sie wollen!

Es gilt, eine Entscheidung zu treffen: Wollten Sie nur ein paar Tricks lernen, um hin und wieder mal etwas vorführen zu können? Das ist vollkommen in Ordnung! In diesem Buch finden Sie ja reichlich Tricks, die geeignet sind. Oder wollen Sie jetzt mehr? Vielleicht interessieren Sie sich ja auch für andere Bereiche der Zauberkunst, es gibt so viel zu entdecken!

Im Internet finden Sie zahlreiche Zauberartikelhändler. Dort können Sie sich mit Literatur, Lernvideos, fertigen Tricks und ganzen Grossillusionen a la Copperfield eindecken. Es gibt so viele verschiedene Sparten der Magie. Münzzauberei, Zigarettentricks, Tücher und vieles mehr.

Sie müssen sich nur entscheiden, ob Sie einen tieferen Blick in die Welt der Zauberkunst wagen

wollen. Vielleicht wird ja sogar ein neues, interessantes und lohnendes Hobby daraus!
Damit Sie auch einen guten Einstieg haben, nenne ich Ihnen noch einige empfehlenswerte Internet Addressen.

Zauberseiten im Web
http://www.Zauber.de
Grosse Community mit Forum

http://www.zauberzentrale.de
Ein Muss!Grosse Zauberseite für alle Zwecke

http://www.zaubertricks.de.tc/
Ein nettes Forum für Magier

http://www.stolina.de
Allbekannter Zauberhändler erster Stunde

http://www.jedinat-zaubershop.de
Zuverlässiger Händler

http://www.boretti-shop.de/
Zaubershop vom gleichnamigen Künstler

http://magicshop.ch/
Schweizer Shop, immer die neuesten US Tricks im Angebot

http://www.zauberdiscount.de
Der Name ist Programm